HISTOIRE juniors

HISTOIRE DE FRANCE 3

Texte de Claude Gauvard
Illustrations de Gérard Allaguillemette

H

Napoléon

2 décembre 1804
sacre de l'Empereur

1789
La Révolution française.
Prise de la Bastille.

1795
Le Directoire.

1796
Bonaparte bat l'Autriche
à Arcole.

1797
Bonaparte bat l'Autriche
à Rivoli.

1798
Bonaparte
en Égypte.

1799
Le Consulat.
9 novembre
Coup d'État de Bonaparte.

1804
2 décembre
Bonaparte
devient Napoléon.
Il est sacré empereur.

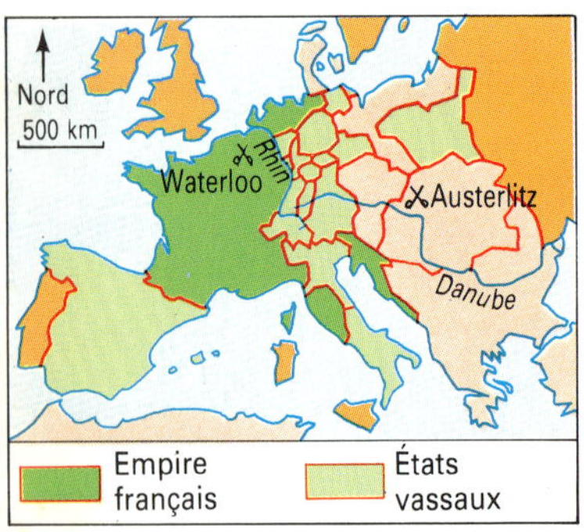

l'empire de Napoléon en 1812

Légion d'honneur
Ordre national qui a ses décorations et sa hiérarchie

Petit, nerveux, le teint blafard, Bonaparte n'est pas beau.
Mais ses yeux sont vifs et ses paroles charment : elles parlent de gloire.
Il n'oublie pas le pauvre soldat corse qu'il était.
Il n'oublie pas ses frères et sœurs qu'il protège.
Il faut qu'il gagne.
À la tête des troupes, il défend les conquêtes de la Révolution. Éblouie, la France le reconnaît pour chef. Bonaparte se fait nommer consul.
Il a trente ans, et beaucoup d'ambition.
À tout moment, il médite et travaille.
Il veut réconcilier les Français.
Il veut avoir tous les pouvoirs.
Comme Charlemagne, il se fait sacrer empereur par le pape : il est Napoléon Ier.
Une cour s'organise autour de lui et de Joséphine de Beauharnais, sa femme. Mais Napoléon n'a pas de fils comme héritier. Alors il épouse Marie-Louise d'Autriche. La vie est grandiose, les monuments aussi, inspirés du passé comme l'église de la Madeleine à Paris.
Où est la Révolution?
Napoléon n'admet pas qu'on le contredise.
La police surveille : où sont les libertés?
L'Empereur nomme des préfets dévoués. Il aime s'entourer de ses fidèles généraux.
Il récompense ceux qui le servent en instituant la **Légion d'honneur.**
Peu se rebellent. La légende de Napoléon est née : elle grandit avec les victoires.

Napoléon sacre Joséphine
« Ce qui est grand est toujours beau. »
Napoléon.

Un empire

2 décembre 1805
bataille d'Austerlitz

1805
Bataille de Trafalgar.
Bataille d'Austerlitz.

1806
Bataille d'Iéna.

1807
Bataille de Friedland.

1808
L'Espagne commence à résister.

1809
Bataille de Wagram.

1812
Retraite de Russie.

1814
Napoléon est exilé à l'île d'Elbe.

1815
Les Cent Jours.
Waterloo.

1821
Napoléon meurt à Sainte-Hélène.

Pendant quinze ans, Napoléon fait la guerre en Europe. Ses soldats, nombreux, rapides, marchent, sac au dos, fusil en bandoulière. Ils sont la **Grande Armée.** Leur chef sait leur parler : « Les villes ennemies sont riches. À vous de les conquérir.
Vous le voulez, vous le pouvez, partons ! »
Napoléon est partout à la fois : il répond à l'Autriche, à la Prusse, à la Russie, à l'Angleterre qui forment plusieurs **coalitions.**
Austerlitz, Iéna, Friedland, Wagram : l'Empereur vole de victoire en victoire.
Sur terre, les villes s'ouvrent et, en 1809, l'empire s'étend sur la moitié de l'Europe.
Mais Nelson détruit la flotte à Trafalgar.
Les Anglais restent maîtres des mers.
En Espagne, le peuple résiste.
Comment dominer tant de terres, de peuples ?
En 1812, dans l'immense plaine russe, les soldats meurent de froid, de faim et de fatigue.
C'est la **retraite.** Pour la première fois, l'Empereur est vaincu. La Grande Armée n'est plus.
L'ennemi arrive aux portes de Paris. Napoléon renonce au pouvoir : il abdique. Il est exilé à l'île d'Elbe, en Italie.
En 1815, il essaie de reprendre le pouvoir.
Cette épopée que l'on appelle le « vol de l'Aigle » ne dure que cent jours.
À Waterloo, les soldats fuient devant les Anglais. En vain, la garde, fidèle, crie : « La Garde meurt mais ne se rend pas. »
L'empire est démantelé. Napoléon meurt, seul, six ans plus tard, à l'île de Sainte-Hélène.

Grande Armée
Nom donné à l'armée organisée par Napoléon.

coalition
Union des différents pays d'Europe contre la France pendant la Révolution et sous Napoléon. Il y eut 7 coalitions entre 1791 et 1815.

retraite
Retour des troupes qui ont subi une défaite.

Napoléon à ses troupes :
« Soldats, je suis content de vous... Mon peuple vous reverra avec joie, et il vous suffira de dire : "J'étais à la bataille d'Austerlitz", pour que l'on vous réponde : "Voilà un brave !" »
Napoléon, 1805.

À nouveau la monarchie

27, 28, 29 juillet 1830 les Trois Glorieuses

1815
Avènement de Louis XVIII. Le Congrès de Vienne fixe les limites des états d'Europe.

1820
Début du Romantisme (Lamartine, Delacroix).

1824
Charles X prend le pouvoir.

1830
La conquête de l'Algérie débute.

1830
Victor Hugo fait représenter *Hernani.*

1830
Fin de la Restauration.

notable
Personne qui a une place importante dans la société du fait de sa richesse, de son savoir ou de son pouvoir.

Trois Glorieuses
Nom donné aux trois journées révolutionnaires des 27, 28, 29 juillet 1830.

Casbah
Citadelle dans laquelle était conservé le trésor des chefs arabes en Afrique du Nord.

Smala
Guerriers, femmes et enfants qui, rassemblés dans un immense campement, constituaient la «famille» et la richesse d'un chef arabe.

En 1815, les grands pays d'Europe, réunis au Congrès de Vienne, en Autriche, ont peur que les idées de la Révolution ne se propagent.
La France perd toutes les conquêtes que Napoléon a pu faire. Louis XVIII, un Bourbon, frère de Louis XVI et ancien émigré, devient roi.
Les royalistes, comme Chateaubriand, gouvernent. Ils admettent mal que la France ait changé. Certains nobles retrouvent leurs terres.
Le clergé reprend de l'influence. Les bourgeois s'imposent. Vont-ils restaurer la monarchie d'Ancien Régime?
Cette période est «la Restauration».
Charles X, le successeur de Louis XVIII, veut exercer un pouvoir absolu. Le droit de vote est restreint. Les libertés sont supprimées.
Dans les campagnes, les paysans respectent les **notables.** Mais, à la ville, le peuple ne veut pas reprendre le drapeau blanc des royalistes.
En 1830, à Paris, l'émeute éclate. La Fayette y est mêlé. Ce sont les **Trois Glorieuses.**
Charles X abdique. La Restauration a échoué.
En Europe, les peuples imitent la France et ils se soulèvent pour défendre leurs libertés.
Mais, dès le 4 juillet 1830, les troupes françaises ont pris la ville d'Alger. La **Casbah** est pillée. Pendant vingt ans, la conquête de l'Algérie se poursuit, menée par le maréchal Bugeaud. Abd el-Kader, le chef des Arabes, à la tête d'une importante **Smala,** résiste.
Mais, en 1847, il finit par se rendre.
L'expansion coloniale de la France a commencé.

La Smala d'Abd el-Kader
«L'as-tu vue la casquette, la casquette,
L'as-tu vue la casquette du père Bugeaud,
Elle est faite, la casquette, la casquette,
Elle est faite avec du poil de chameau.»
Refrain d'une chanson populaire sur le maréchal Bugeaud, vainqueur d'Abd el-Kader (XIXe siècle).

De la monarchie à l'Empire

février 1848 - décembre 1852
IIe République

Gavroche

Gavroche
Personnage de Victor Hugo. Si l'on demandait à l'énorme ville : « Qu'est-ce que cela ? », elle répondrait : « C'est mon petit... Le gamin de Paris. »
Victor Hugo, *Les Misérables.*

libéral
Qui défend les libertés et croit qu'elles apportent le progrès.

constitution
Ensemble des règles qui organisent les pouvoirs et auxquelles doit se soumettre le gouvernement.

épargne
Argent mis de côté en faisant des économies.

suffrage universel
Droit de vote accordé à tous les citoyens.

barricades
Amoncellement de matériaux pour couper une rue et protéger les manifestants.

En 1830, tous les Français ne sont pas républicains. Modérés, ils acceptent comme roi Louis-Philippe d'Orléans, un **libéral** qui a soutenu la Révolution. Il accepte la **constitution.**
Ainsi commence la Monarchie de Juillet.
En fait, le pouvoir reste aux plus fortunés. Aucune réforme n'est possible. Guizot, le principal ministre, veut l'ordre et la paix. « Enrichissez-vous par le travail et par l'**épargne** », dit-il. Voit-il que la France se transforme ?
Les campagnes progressent lentement, mais les villes attirent les paysans.
Les ouvriers, hommes, femmes et enfants, travaillent dans les mines de charbon ou dans des ateliers de textile, qui deviennent de véritables usines. Leur vie est dure. Rare est le pain blanc. Qu'une crise arrive, et c'est l'émeute !
En 1848, elle éclate. La IIe République est proclamée. Un immense espoir naît. Il gagne le reste de l'Europe.
Le **suffrage universel** est établi. L'esclavage est aboli. À Paris, **Gavroche** chante.
Mais les bourgeois et les paysans ont peur de la République. Leur vote reste modéré.
Sur les **barricades,** les ouvriers tombent.
Il faut un homme pour unir les Français : Louis-Napoléon Bonaparte, un neveu de Napoléon, devient président de la République. Et, en quatre ans, il prépare la France à retrouver l'Empire.

L'arbre de la liberté
« Nous allons faire ensemble la plus sublime des poésies. »
Lamartine, *Discours de l'Hôtel de Ville,* 1848.

Le Second Empire

2 septembre 1870 capitulation de Sedan

1854
Siège de Sébastopol en Crimée.

1859
Victoires de Magenta et de Solférino contre l'Autriche.

1861
Expédition du Mexique.

1864
Travaux d'Haussmann.

septembre 1870
Siège de Paris.

1871
10 mai
Traité de Francfort : perte de l'Alsace-Lorraine.
21-28 mai
Répression de la Commune.
31 août
Thiers, président de la République.

Le 2 décembre 1852, Napoléon III se fait proclamer empereur. Autoritaire, il supprime les libertés : des opposants s'exilent, comme Victor Hugo. Mais l'Empereur favorise les progrès de l'industrie et du commerce. L'argent des **banques** circule. De **nouveaux riches** s'affairent et rivalisent. Quelle fièvre !
Les grands magasins ouvrent leurs portes.
Les villes sont de gigantesques chantiers.
À Paris, Haussmann fait percer de larges rues.
Quel appétit de construire !
Les bourgeois soutiennent l'Empire. Les paysans aussi : ils se méfient des villes. En vain, les républicains réclament que les libertés renaissent.
À l'extérieur, les guerres se succèdent : en Italie, en Russie, au Mexique. L'Empire est solide jusqu'à ce qu'en 1870, la Prusse soit victorieuse.
Prisonnier, l'Empereur capitule à Sedan. Paris, assiégé, subit le froid et la faim. On mange chien, chat et rat, et on abat l'éléphant du jardin des Plantes ! La paix est dure. L'Allemagne reçoit l'Alsace, la Lorraine, et de l'argent. Paris s'insurge : il ne faut pas céder !
Républicains et ouvriers se rassemblent pour constituer la **Commune de Paris,** drapeau rouge en tête. Est-ce la Révolution ?
La France a peur. Paris est seul.
Le gouvernement, installé à Versailles, écrase l'insurrection. Quel régime peut ramener la paix ?

banques
Lieux qui rassemblent toutes les activités financières. À côté de la Banque de France, créée en 1803, de nouvelles banques sont autorisées comme le Crédit Mobilier, le Crédit Lyonnais, la Société Générale, la Banque des Pays-Bas (ancêtre de Paribas).

nouveaux riches
Ceux qui ont fait fortune rapidement et qui aiment montrer la richesse à laquelle ils sont parvenus.

Commune de Paris
Pouvoir installé à Paris par la force du 18 mars au 28 mai 1871 et qui s'inspire de la Révolution.

Transformations de Paris
« Le vieux Paris n'est plus (la forme d'une ville
Change plus vite, hélas! que le cœur d'un mortel) [...];
Paris change! mais rien dans ma mélancolie
N'a bougé!... »
Baudelaire (1821-1867), *Tableaux parisiens.*

La République s'installe

4 septembre 1870 la IIIe République est proclamée

l'école est gratuite et obligatoire

Chambre des députés
Nom donné depuis 1875 à l'assemblée des représentants ou députés élus par le peuple au suffrage universel.

Sénat
Assemblée composée de notables qui doit équilibrer la Chambre des députés.

syndicat
Association des hommes d'une même profession pour améliorer leurs conditions de travail et de salaire.

laïque
Indépendant de toute religion.

démocratie
Gouvernement où le peuple a le pouvoir.

Panthéon
À Paris, l'église Sainte-Geneviève, construite par Soufflot, est devenue depuis la Révolution le Panthéon, lieu où sont transportés les corps des hommes illustres que la patrie veut honorer.

Dès le 4 septembre 1870, la IIIe République est proclamée. Elle a du mal à s'imposer.
Il faut toute l'énergie de Gambetta pour convaincre les habitants des campagnes de voter pour les républicains. Bon orateur, il devient le commis voyageur de la République.
En 1870, dans un ballon dirigeable, il quitte Paris assiégé par les Prussiens.
Thiers est élu président. Modéré, il rassure.
Il refuse de gouverner avec les royalistes.
En 1873, ceux-ci tentent de restaurer le pouvoir royal : c'est un échec. Peu à peu, la République est organisée.
En 1875, des lois fondent la Constitution.
Le président de la République est élu pour sept ans et deux assemblées contrôlent les décisions prises par les ministres : la **Chambre des députés** et le **Sénat.**
Les grandes libertés – de presse, de réunion, de former des **syndicats** – sont reconnues.
Jules Ferry, un ministre, fonde l'école moderne.
Elle est gratuite, **laïque** et obligatoire. Les républicains pensent que les hommes, mieux instruits, seront heureux. Ils croient au progrès et à la **démocratie.**
Le pays a retrouvé son unité. Il fête de grands événements comme les funérailles de Victor Hugo au **Panthéon,** en 1885, le centenaire de la Révolution et la construction de la tour Eiffel, en 1889. *La Marseillaise* devient l'hymne national et le 14 juillet, la fête nationale.
Dans toutes les mairies se trouve le buste de Marianne, la République.

« Seule la République assure l'ordre et la liberté. »

Discours de Gambetta, 1872.

La France se transforme

1885
Pasteur vaccine contre la rage

1832
Invention du télégraphe par l'Américain Morse.
Première ligne de chemin de fer Lyon-Saint-Étienne.

1849
Invention du timbre poste.

1860
Premier moteur à explosion.

1876
L'Américain Graham Bell invente le téléphone.

1888
Fondation de l'Institut Pasteur.

1890
Edouard Branly invente la T.S.F.
Vol du premier avion.

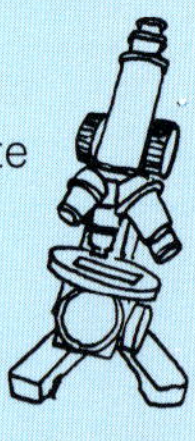

1895
Louis Lumière réalise le premier film.

1898
Première voiture Renault.

1903
Premier tour de France cycliste.

La France s'était déjà beaucoup transformée sous le Second Empire. L'essor continue.
La population, mieux nourrie, augmente.
Un savant, Pasteur, montre comment les microbes transmettent les maladies et comment il faut s'en préserver. Désormais, on peut espérer vivre longtemps.
Partout règne une intense activité. Les mineurs extraient toujours plus de charbon.
Les machines à vapeur sont devenues des outils indispensables : elles permettent de fabriquer la fonte et l'acier. Elles tirent aussi les trains.
Quelle peur pour les premiers voyageurs !
Bientôt, la France se couvre de rails comme une toile d'araignée. La vitesse s'accroît. Quelle joie de quitter son village !
Sur mer, la vapeur l'emporte sur la voile.
La « fée » **électricité** apparaît. Elle est partout, à la maison comme à l'usine.
Pierre et Marie Curie isolent le radium.
Quant au pétrole, il sert aux moteurs à explosion. Les automobilistes roulent.
En 1909, Blériot traverse la Manche en avion.
Voler ! Le vieux rêve de l'homme est réalisé !
Même les campagnes bougent. Des machines, moissonneuses et batteuses, remplacent le pénible travail des mains.
L'isolement n'existe plus : on télégraphie, on téléphone, on écoute la radio, on peut même aller au cinéma... Les inventions se succèdent.
Comment s'adapter à tant de nouveautés ?

électricité
Connue et perfectionnée par divers savants comme Laplace, Gauss et Faraday, au cours du XIXe siècle, cette source d'énergie devient lumière lorsqu'Edison fabrique la première lampe à incandescence, en 1889.

Une machine à vapeur : la Lison
« Elle était douce, obéissante, facile au démarrage... On prétendait bien que, si elle démarrait avec tant d'aisance, cela provenait de l'excellent bandage des roues... Mais il y avait l'âme, le mystère de la fabrication, ce quelque chose que le tour de main de l'ouvrier monteur donne aux pièces : la personnalité de la machine, la vie. »
Émile Zola (1840-1902), *La Bête humaine.*

Et la misère ?

1905
Jaurès fonde la S.F.I.O.

1871
Insurrection de la Commune.

1881-1882
Lois sur l'Enseignement et sur la Presse.

1895
Fondation de la C.G.T. (Confédération Générale des Travailleurs).

1899
Zola défend Dreyfus.

1905
Constitution de la S.F.I.O. (Section Française de l'Internationale Ouvrière).
Séparation de l'Église et de l'État.

1908
Grèves.

1913
Le service militaire est porté à trois ans.

1914
31 juillet
Assassinat de Jean Jaurès.

La fortune des Français est inégale.
Dans les campagnes, les plus pauvres ne mangent pas à leur faim.
Dans les villes, les ouvriers s'entassent et travaillent dans des conditions pénibles.
Les journées sont longues, sans vacances.
Seul le dimanche est jour de repos.
Qu'un accident arrive, et c'est la misère.
Comment lutter contre la maladie ? Quelle retraite espérer ? Au cours du XIXe siècle, les ouvriers s'organisent. Le travail des enfants de moins de huit ans est interdit.
La journée de travail est réduite. Les syndicats, comme la C.G.T., rassemblent de nombreux ouvriers. Des socialistes fondent la S.F.I.O.
Ils rêvent de construire une société nouvelle.
Ils subissent l'influence de **Karl Marx** qui croyait que la révolution était inévitable.
Jaurès est à leur tête. Intellectuel, orateur généreux, il veut que la République soit juste et ouverte à tous. Il veut aussi que les peuples d'Europe s'unissent. Mais les intérêts s'opposent. Des grèves éclatent, violemment réprimées. L'**affaire Dreyfus,** du nom d'un officier juif innocent, mais condamné, divise la France. L'État est en lutte contre l'Église.
La France et l'Allemagne sont rivales.
« Liquidons par des attentats cette société pourrie », disent les anarchistes qui refusent d'obéir à toute autorité politique.
La paix menace de s'effondrer.

Karl Marx (1818-1883)
Socialiste allemand, auteur du *Capital.* Il a donné naissance au marxisme.

affaire Dreyfus
Procès contre un officier juif accusé de complicité avec l'étranger. Zola prit sa défense. L'opinion fut partagée entre dreyfusards (favorables à Dreyfus) et anti-dreyfusards. Dreyfus fut condamné en 1894, puis reconnu innocent et réhabilité en 1906.

Jaurès orateur
« *Pour la première fois, la vie pleine et libre sera réalisée par l'homme... les travailleurs auront tout ensemble la délicatesse nerveuse de l'ouvrier et la vigueur tranquille du paysan... l'humanité se redressera, plus heureuse et plus noble, sur la terre renouvelée.* »
Jean Jaurès, *Discours,* 1894.

1914-1918 : la Grande Guerre

septembre 1914
bataille de la Marne

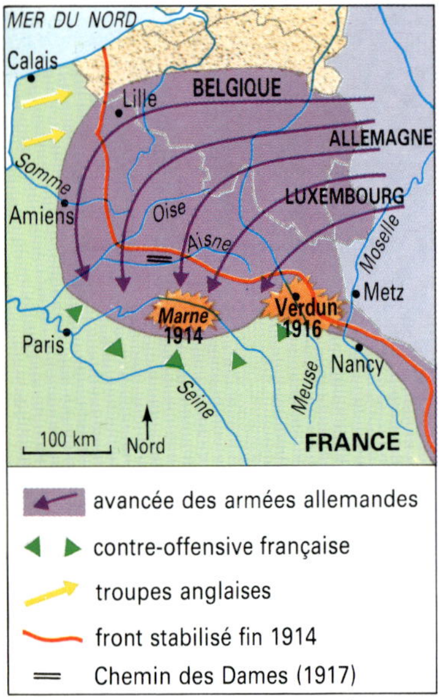

le front de la Grande Guerre

Le 3 août 1914, l'Allemagne déclare la guerre à la France. Depuis 1870, les Français pensent à la revanche. Ils rêvent des territoires perdus. Sans crainte, les soldats partent à la guerre. « Elle sera courte », pensent-ils.
Derrière Poincaré, le président, tous les Français sont unis pour la patrie.
Les Allemands surprennent. Près de Paris, le général Joffre arrête avec peine leur poussée à la bataille de la Marne.
Le **front** se stabilise et, de chaque côté, on creuse d'étroites **tranchées.** L'enfer commence, terrible, pour les **poilus,** dans le froid, la boue, et au milieu des rats.
Les obus pleuvent. Les pertes sont énormes. Une année passe. La guerre sera longue.
En 1916, les Allemands tentent une percée à Verdun. Le général Pétain les contient.
Mais, dans les tranchées, la révolte gronde.
L'arrière s'épuise. La Russie, en pleine révolution, abandonne la lutte.
Il faut des hommes énergiques. Clemenceau, surnommé « le Tigre », gouverne et dit : « Tenez bon ».
Les États-Unis entrent en guerre en 1917.
Le général Foch remporte la victoire et, le 11 novembre 1918, l'armistice est signé.
La joie éclate.
L'Alsace et la Lorraine redeviennent françaises.
Comme les autres pays, la France compte ses morts, ses veuves et ses orphelins. Ce sera, croit-on, la dernière des guerres.

front
Troupes installées en ligne face à l'ennemi.

tranchée
Fossé creusé et consolidé pour abriter les soldats le long du front.

poilus
Nom donné aux soldats français de la guerre de 1914-1918.

l'arrière
Ce qui est à l'intérieur du pays en guerre et répond aux besoins du front.

Clemenceau visite une tranchée
« Ma politique étrangère et ma politique intérieure, c'est tout un. Politique intérieure : je fais la guerre. Politique étrangère : je fais la guerre. Je fais toujours la guerre. »
Georges Clemenceau, 1918.

Entre les deux guerres

1936
premiers congés payés

1920
Fondation
du Parti communiste
français.

1922
Mussolini en Italie.

1924
Mort de Lénine en U.R.S.S.

1928
Le *franc Poincaré.*

1929
Crise économique.
Staline en U.R.S.S.

1931
Début de la crise en France.

1933
Roosevelt aux États-Unis.
Hitler en Allemagne.

1936
Accords de Matignon :
semaine de 40 heures,
repos du samedi
et congés payés.
Création de la S.N.C.F.
(Société Nationale
des Chemins de Fer).

1938
Échec du Front Populaire.
Marche vers la guerre.

chômage
Temps d'inactivité forcée, faute de travail.

Front Populaire
Gouvernement dirigé par Léon Blum avec l'appui de tous les partis de gauche (radicaux, socialistes et communistes) entre 1936 et 1938.

La France est victorieuse, mais affaiblie.
Les jeunes ont disparu, et les enfants sont rares. Qui peut travailler? Qui peut produire et acheter?
Il faut accepter que les femmes jouent un rôle de plus en plus grand.
La monnaie n'a plus grande valeur. Poincaré réussit cependant à l'affermir.
Mais la France ne peut vivre seule. Elle est liée aux États-Unis qui deviennent plus puissants que la vieille Europe.
En 1929, la crise économique américaine stoppe l'essor, et provoque le **chômage.**
Les divisions de la société grandissent.
« La République est responsable du déclin. Il faut l'abattre », pense la droite qui manifeste violemment en 1934.
En 1936, le **Front Populaire** des partis de gauche gagne les élections. Léon Blum, un socialiste, gouverne. De longues grèves éclatent contre les patrons. Les ouvriers obtiennent d'importants avantages.
La France ne veut plus de guerre. Aristide Briand avait prêché la paix entre tous les états du monde. Mais comment résoudre la crise sans fabriquer d'armes?
En Italie et en Allemagne, des dictateurs, Mussolini et Hitler, sont au pouvoir. Hitler dit que la race élue de son pays vaincra par la force. Il soutient le dictateur Franco en Espagne.
La guerre menace. La France ne bouge pas.

« J'avais malgré tout apporté une espèce d'embellie, d'éclaircie dans les vies difficiles... On avait créé chez eux un espoir. »
Léon Blum (1872-1950).

8
KM

1939-1945

6 juin 1944
débarquement des Américains en Normandie

Hitler a réarmé l'Allemagne. En 1938, il annexe l'Autriche, puis la Tchécoslovaquie.
Enfin, il entre en Pologne. Alors la France et l'Angleterre déclarent la guerre à l'Allemagne, le 1er septembre 1939. En Europe, et ensuite dans le monde entier, s'affrontent chars, avions, navires et, à la fin de la guerre, de redoutables armes atomiques comme à Hiroshima, au Japon.
La France croit être bien défendue. Dès 1940, elle est écrasée. Militaires et civils fuient en longs cortèges sur les routes. C'est l'exode.
Le 22 juin, Pétain, appelé au pouvoir, signe l'**armistice.** La France est abattue.
En Angleterre, Churchill refuse de capituler. Peu entendent l'appel du général de Gaulle lancé depuis Londres le 18 juin 1940.
Les Allemands occupent une partie du pays.
Le gouvernement de Vichy, avec Pétain et Laval, collabore avec eux. Les juifs et les opposants sont arrêtés, torturés, fusillés, déportés. Mais les **résistants** luttent.
En 1942, Jean Moulin unifie leurs réseaux.
La France, occupée, souffre. Elle a faim.
Certains vendent leurs produits au **marché noir.**
L'Allemagne subit en U.R.S.S. de grandes défaites, comme à Stalingrad en 1943.
Les **maquisards** attendent avec impatience le débarquement des Américains, le 6 juin 1944.
Les Allemands reculent devant les **Alliés.**
Le 24 août 1944, les chars du général Leclerc libèrent Paris. De Gaulle y entre en vainqueur.

De Gaulle descend les Champs-Élysées le 26 août 1944.
« Ah ! C'est la mer ! Une foule immense est massée de part et d'autre de la chaussée. Les toits aussi sont noirs de monde. À toutes les fenêtres s'entassent des groupes compacts, pêle-mêle avec des drapeaux. Si loin que porte ma vue, ce n'est qu'une houle vivante, dans le soleil, sous le tricolore. » De Gaulle, *Mémoires de guerre.*

armistice
Accord qui décide d'arrêter les opérations militaires.

résistants
Ceux qui, en France, ont choisi de lutter contre les Allemands et contre le gouvernement de Vichy.

marché noir
Vente à des prix excessifs de produits qui ne devraient pas être sur le marché car leur vente n'est pas autorisée.

maquisards
Nom des résistants qui se sont réfugiés dans les maquis, c'est-à-dire dans des lieux isolés où ils échappent à l'ennemi pour mieux le combattre.

Alliés
États (Angleterre, U.R.S.S., États-Unis, France) qui ont combattu ensemble l'Allemagne, l'Italie, le Japon et leurs propres alliés.

La France reconstruite

1946-1958
IVᵉ République

1945
Nationalisations et création de la Sécurité sociale.

1946
Départ du général de Gaulle.
IVᵉ République.
Début de la guerre d'Indochine.

1952
A. Pinay, président du Conseil.

1954
P. Mendès France, président du Conseil.
Fin de la guerre d'Indochine.
Début de la guerre d'Algérie.

13 mai 1958
Manifestation des Français d'Algérie.

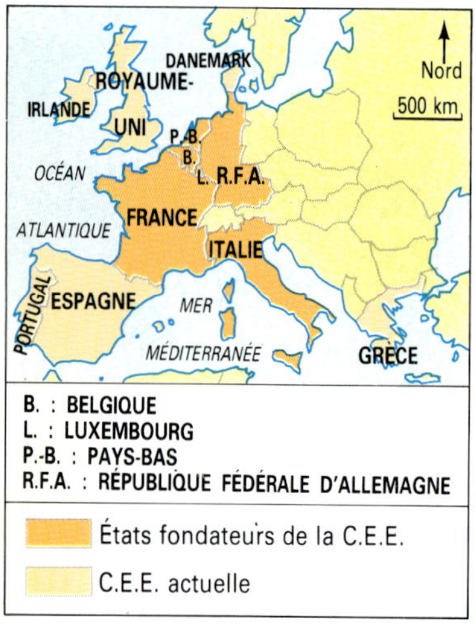

la communauté économique européenne

nationaliser
Décider qu'une entreprise privée appartient désormais à la nation.

Le 8 mai 1945, les Allemands capitulent sans condition. Le général de Gaulle forme un gouvernement provisoire. Les prisonniers ou ceux qui ont été déportés dans des camps de concentration reviennent, meurtris.
Les collaborateurs sont jugés et condamnés.
Partout, l'espoir d'une vie apaisée renaît.
Il faut oublier les anciennes querelles.
Il faut reconstruire les villes détruites.
Les femmes, comme les hommes, votent.
Communistes et socialistes ont la majorité.
Avec le général de Gaulle, ils imposent des réformes. La Sécurité sociale est créée.
L'État **nationalise** les Charbonnages, le Gaz, l'Électricité et la Banque de France.
Mais les divisions politiques renaissent.
La IVᵉ République donne le pouvoir aux députés qui se déchirent. « Ma mission est terminée », dit de Gaulle. « Le régime des partis a reparu. Je le réprouve. »
Les gouvernements se succèdent : Pinay à droite, Mendès France à gauche, n'arrivent pas à s'imposer. Pourtant, la France se relève.
Elle veut unifier l'Europe.
Des enfants naissent, nombreux.
On construit de grands ensembles urbains.
Des outils motorisés et puissants attaquent les riches terres à blé. Une nouvelle révolution agricole commence.
La production industrielle augmente.
Automobile, télévision, vacances, week-end : pour la première fois, les Français connaissent le confort.

La reconstruction
« *Beaucoup d'eau a passé sous les ponts et puis énormément de sang.*
Mais aux pieds de l'amour coule un grand ruisseau blanc. »
Jacques Prévert (1900-1977), *Histoires*.

La fin des colonies

7 mai 1954
Diên Biên Phû

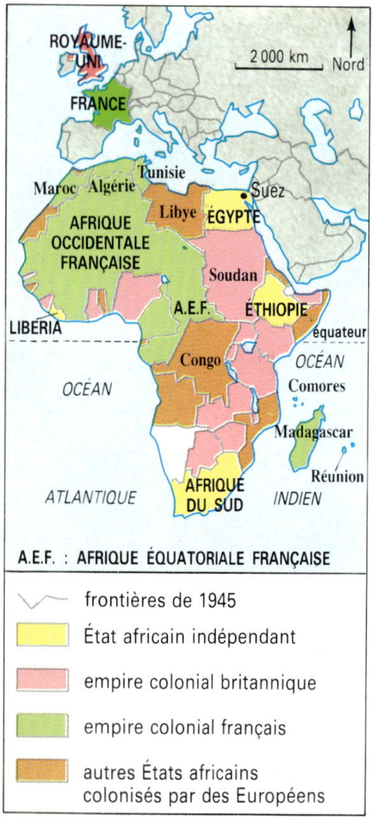

l'Afrique colonisée

pieds-noirs
Nom donné aux habitants d'Algérie qui sont d'origine européenne. Ils sont près de 1 million en 1954.

F.L.N.
Front de Libération Nationale qui regroupe, en Algérie, les partisans de l'indépendance et dont le principal chef a été Ben Bella.

contingent
Jeunes gens appelés pour faire leur service militaire ; à partir de 1956, ils ont été envoyés en Algérie.

Depuis le XIXe siècle, la France a lancé de nombreuses expéditions en Afrique et en Asie. Des explorateurs, comme Savorgnan de Brazza, affrontent l'inconnu.
Des militaires soumettent les tribus souvent rivales. Des missionnaires convertissent, instruisent, soignent. Le plus célèbre est le docteur Schweitzer.
La République pense qu'elle a pour devoir d'apporter à tous les bienfaits du progrès.
Certains colons, et des chefs militaires comme Lyautey, au Maroc, respectent les coutumes des peuples qu'ils commandent.
D'autres, au contraire, sont méprisants et cherchent à faire fortune aux colonies.
Peu à peu, les pays colonisés réclament le droit à disposer d'eux-mêmes.
N'est-ce pas ce que la France leur a appris ?
En 1945, Hô Chi Minh proclame l'indépendance du Viêt-nam. C'est la guerre.
L'ennemi est insaisissable, le pays hostile.
Mendès France comprend que toute action est inutile.
En 1954, après la défaite de Diên Biên Phû, il faut céder.
Mais, en Algérie, la guerre éclate.
Les nombreux colons, les **pieds-noirs,** ne veulent pas quitter la terre où ils sont nés.
Le **F.L.N.** les menace.
Les jeunes soldats du **contingent** se battent.
Les passions montent. L'atrocité règne.
Le gouvernement, divisé, ne peut pas ramener la paix : la IVe République meurt.

Diên Biên Phû
« Les faits nous ont conduits à admettre depuis longtemps qu'une victoire militaire n'était pas possible, la seule issue réside donc dans une négociation... »
Pierre Mendès France, *Discours*, 1954.

Aujourd'hui

1974
crise pétrolière

1960
Ire explosion atomique française au Sahara.

1965
Construction de Maine-Montparnasse.

1973
Troisième chaîne de télévision.

1980
Mort du philosophe Jean-Paul Sartre.

Le 13 mai 1958, le **Comité de salut public,** installé à Alger, fait appel au général de Gaulle pour régler le conflit. Comment faire comprendre que la guerre est inutile? Attentats et **putschs** se succèdent. En 1962, l'Algérie est indépendante La **décolonisation** s'achève.
Depuis 1958, la constitution de la Ve République donne au président un pouvoir fort. Il est élu au suffrage universel.
En 1960, la première bombe atomique française explose. La France se veut indépendante des États-Unis et de l'U.R.S.S. Elle continue à s'enrichir comme les autres pays d'Europe.
Mais, lors des élections, les Français se divisent en deux blocs presque égaux.
En mai 1968, les étudiants manifestent dans les rues. Une grève générale paralyse le pays.
En 1969, de Gaulle, désavoué, démissionne.
Georges Pompidou, puis Valéry Giscard d'Estaing se succèdent. Mais, depuis 1974, la crise sévit. Le pétrole que la France doit acheter aux pays arabes est devenu très cher.
François Mitterrand et les socialistes, au pouvoir depuis 1981, ne réussissent pas à diminuer le chômage. La population de la France vieillit.
Dans les banlieues des villes, des difficultés opposent les Français aux **immigrés.**
De nouvelles **technologies,** telle l'informatique, bouleversent les habitudes. Ainsi se construit la France de demain qui, en 1993, doit faire partie de l'Europe unie.

Comité de salut public
Nom donné au gouvernement qui prend le pouvoir à Alger, présidé par le général Massu.

putsch
Prise du pouvoir par la force : par exemple, en avril 1961, par les généraux d'Alger qui veulent que l'Algérie reste française.

décolonisation
Action de rendre leur indépendance aux anciennes colonies. Elles gardent cependant des liens économiques et culturels avec la France.

immigrés
Populations venues de pays étrangers qui ont souvent une langue, une religion et une culture différentes.

technologie
Ensemble des procédés employés dans l'industrie.

« Entrez avec précaution dans ce transformateur où le moindre de vos objets risque des aventures qui le mèneront faire le tour du monde, les parapluies surtout qui deviennent barques, tonnelles, auréoles, moulins, champignons, manèges... Mais n'oubliez pas que n'importe quelle pièce de votre vêtement, [...] peut ressentir ici l'appel du large. »
Michel Butor, *Au jour le jour,* 1985.

Les frontières de l'Europe

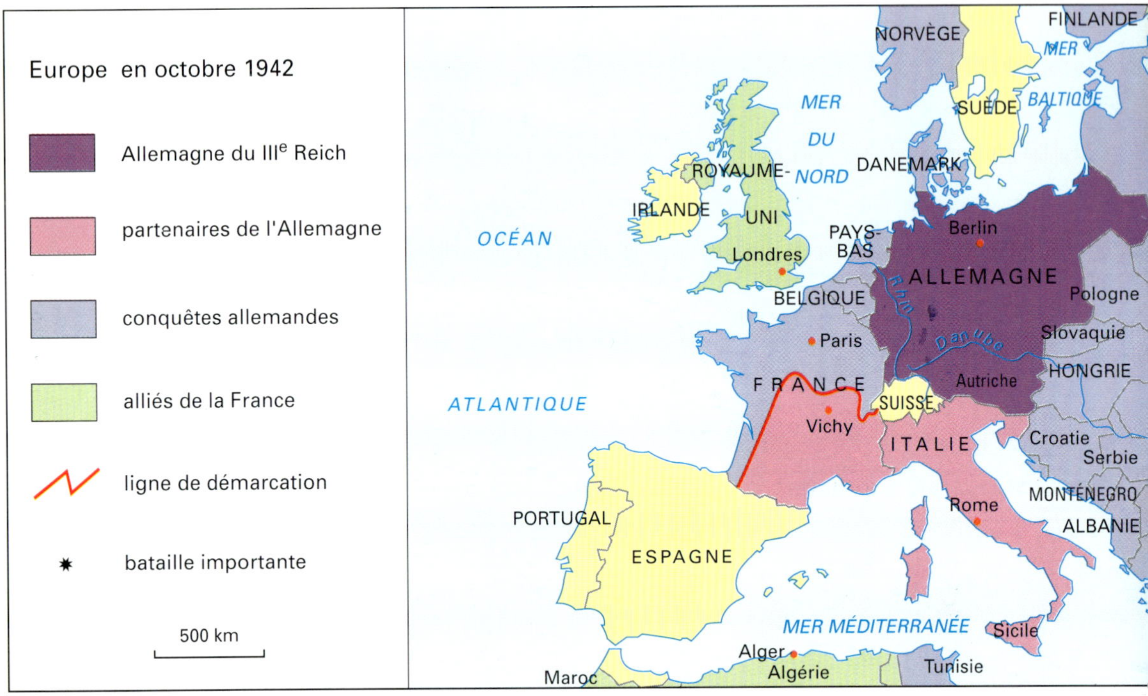

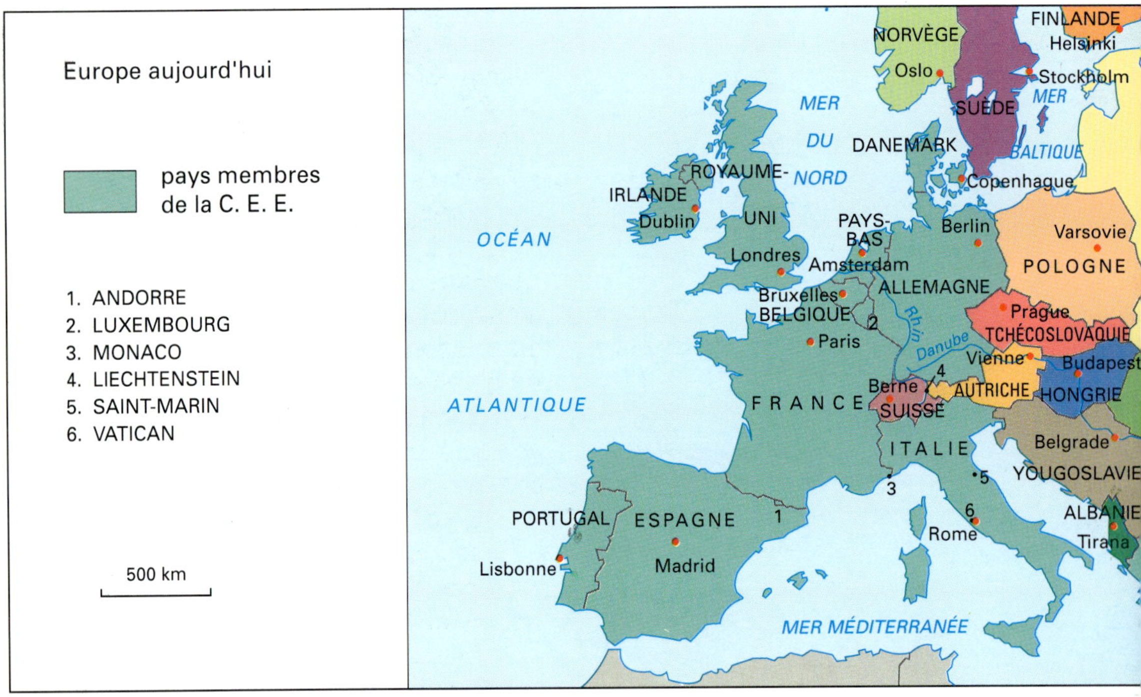

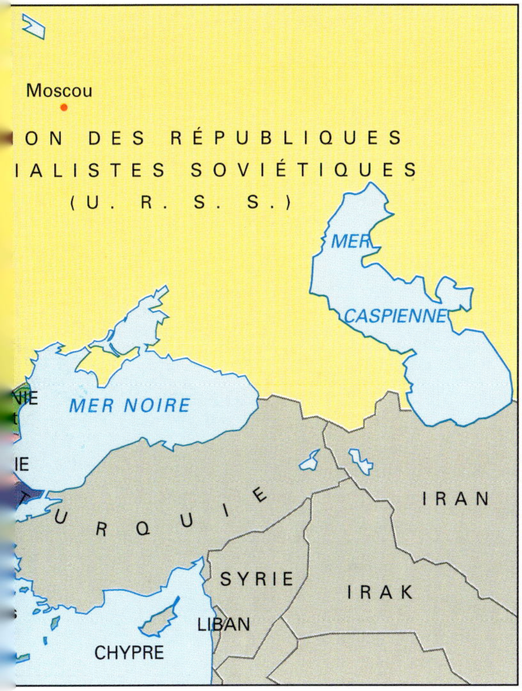

Siège de la C.E.E. à Bruxelles

Le Congrès de Vienne réorganise les états d'Europe, en 1815. Les frontières de la France sont celles de 1789. Le droit des peuples à disposer d'eux-mêmes n'est pas respecté. L'empire d'Autriche rassemble des minorités nationales comme les Hongrois, les Tchèques, les Serbes, les Croates. La Pologne reste soumise à la Russie et à la Prusse. Ces peuples aspirent aux libertés et ils se soulèvent en 1830 et 1848. Enfin, l'Allemagne et l'Italie, divisées en de nombreux états, ont seulement acquis leur unité en 1870.

Aujourd'hui, les pays d'Europe ont des frontières fixées après la Seconde Guerre mondiale. À l'Est, une partie de l'Europe était soumise à l'influence soviétique. Actuellement, ces pays se sont libérés et ils voudraient être reconnus comme des démocraties. Des minorités nationales, comme les Serbes, les Croates, les Slovènes, veulent encore leur indépendance. L'Allemagne, qui avait été divisée, a retrouvé son unité et sa capitale : Berlin. Comment rassembler tant de nations dans une Europe unie? La volonté de tous peut, seule, permettre de la construire.

Chronologie

Jaurès, affiche de Courtois
1936. Le Nouveau théâtre populaire.

Le désespoir d'une femme d'agriculteur et de ses enfants
lors de la grande crise des années 30.

1804 Sacre de Napoléon Ier (2 décembre).

1805 Napoléon défait à Trafalgar (21 octobre). Napoléon victorieux à Austerlitz (2 décembre).

1815 Napoléon défait à Waterloo (18 juin). La Restauration commence.

1830 Les Trois Glorieuses. La Monarchie de Juillet commence.

1848 La IIe République est proclamée.

1852 Napoléon III est empereur (2 décembre).

1870 Défaite de Sedan. La IIIe République est proclamée.

1882 Lois sur l'école laïque.

1885 Pasteur invente le 1er vaccin contre la rage. Funérailles de Victor Hugo.

1889 Construction de la tour Eiffel.

1899 Affaire Dreyfus.

1903 Pierre et Marie Curie, prix Nobel de physique.

1905 Fondation de la S.F.I.O.

1914 Assassinat de Jaurès (31 juillet). Mobilisation générale (1er août).

1916 Bataille de Verdun.

1918 L'armistice est signé à Rethondes (11 novembre).

1920 Fondation du parti communiste.

1929 Grave crise économique aux États-Unis, qui atteint la France en 1931.

1936 Front Populaire. Importantes mesures sociales.

1940 Hitler victorieux. Pétain signe l'armistice (22 juin). De Gaulle lance l'appel à la résistance (18 juin). Régime de Vichy.

1942 Les Allemands occupent toute la France. La Résistance s'organise.

1943 Mort de Jean Moulin.

1944 Débarquement des Américains (6 juin). Libération de Paris (24 août). Droit de vote accordé aux femmes.

1946 Constitution de la IVe République.

1951 Jean Vilar fonde le Théâtre National Populaire.

Aéroplage à Deauville, années 30.

1952 Gouvernement d'Antoine Pinay.
Albert Schweitzer, prix Nobel de la paix.

1954 Gouvernement de Pierre Mendès France.
Indépendance de l'Indochine.

1957 Naissance de la C.E.E.

1958 Comité de salut public à Alger (13 mai).
Constitution de la Ve République.

1959 Entrée en vigueur du Marché Commun.

1962 Indépendance de l'Algérie.

1968 Manifestations étudiantes (mai).

1969 Georges Pompidou président.

1974 Valéry Giscard d'Estaing président.
Crise pétrolière.

1981 François Mitterrand président.

1993 Ouverture de l'Europe « sans frontières ».

La libération de Paris, avenue d'Ivry.

Les grands personnages

Napoléon III
Peinture de de Dreux

Chateaubriand
Peinture de Girodet-Trioson

Pasteur Affiche de Camis

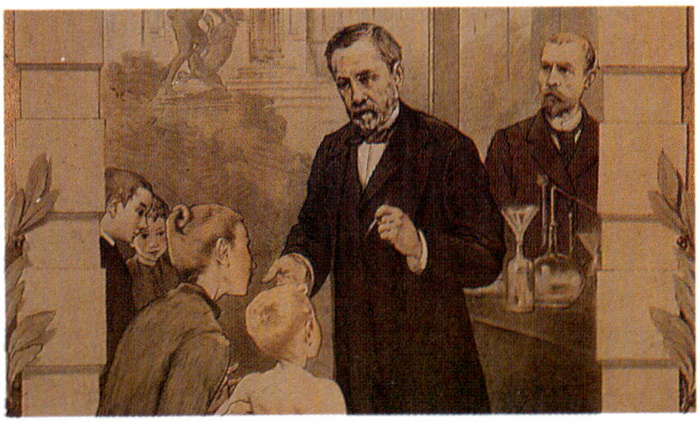

● **Chateaubriand** (1768-1848)
Né sous Louis XV et mort à l'avènement de la IIe République, François René de Chateaubriand a une carrière très mouvementée car il est à la fois soldat, poète et homme politique. Breton, chrétien et royaliste, il émigre en 1792, puis revient pour soutenir Bonaparte dont il dénonce bientôt la « tyrannie ». En 1815, il défend les royalistes les plus purs et, en 1830, il méprise la monarchie bourgeoise. Sa vie, qu'il décrit dans les *Mémoires d'Outre-Tombe*, est à l'image de ses héros, *René* ou *Atala* : passionnée et mélancolique.

● **Louis-Philippe** (1773-1850)
Fils du duc d'Orléans, dit Égalité parce qu'il avait soutenu la Révolution, Louis-Philippe est un libéral qui apprécie les philosophes. Devenu roi en 1830, il accepte la Charte ou Constitution. Il choisit de gouverner avec Guizot qui pense que la bourgeoisie, classe moyenne, donne à la nation son unité. Il s'oppose aux extrêmes royalistes et aux républicains. Mais, comme le dit Lamartine, avec lui, « la France s'ennuie ». En 1848, il abdique et il se réfugie en Angleterre.

● **Napoléon III** (1808-1873)
Neveu de Napoléon Ier, Louis Napoléon Bonaparte a déjà essayé de prendre le pouvoir en 1836. Prisonnier, il s'échappe. Revenu en 1848, empereur en 1852, il défend l'ordre et s'impose pour rassembler les Français. « L'Empire, c'est la paix », dit-il. En fait, il entreprend de nombreuses guerres. Mais il défend aussi des idées très modernes : « Gouverner, ce n'est plus dominer les peuples par la force ; c'est les conduire vers un avenir meilleur. » En 1870, après la défaite de Sedan, il part pour l'Angleterre.

● **Louis Pasteur** (1822-1895)
Fils d'un ouvrier de Dole, dans le Jura, Pasteur devient un physicien brillant. Il prouve que des microbes sont à l'origine de la fermentation et qu'une forte chaleur ou stérilisation peut les détruire. Il faut donc désinfecter pour soigner : c'est l'asepsie. Il montre aussi que les maladies véhiculées par les bactéries sont contagieuses. Enfin, il invente des vaccins pour protéger les animaux, puis les hommes, en particulier contre la rage. En 1888, il fonde l'Institut Pasteur. Travailleur acharné, dévoué, il meurt dans la gloire.

● **Victor Hugo** (1802-1885)
Devenu très jeune le maître des écrivains romantiques, Victor Hugo laisse une œuvre très abondante et variée : théâtre *(Hernani)*, roman *(Notre-Dame de Paris)*, poésie *(Les Contemplations)*. Les sentiments y sont généreux et l'imagination débordante. Sensible à la misère *(Les Misérables)*, Hugo participe à la Révolution de 1848, et, en 1852, il doit s'exiler pour ne revenir qu'en 1870. Membre de l'Académie française, il est très populaire. En 1885, il a des funérailles nationales.

Victor Hugo
Peinture de Bonnat

● **Jules Ferry** (1832-1893)
Avocat, puis journaliste à Paris, Jules Ferry est avec Jules Grévy un des grands fondateurs de la République. Il a le culte de la science et de la raison et il croit que l'instruction peut améliorer l'homme. Il veut limiter la place de l'Église. Ministre de l'Instruction publique en 1879, puis président du Conseil, il défend l'école laïque. Il contribue aussi à développer l'empire colonial, sûr que la France apporte la civilisation et le bonheur.

● **Jean Jaurès** (1859-1914)
Né dans une famille bourgeoise, agrégé de philosophie, Jean Jaurès devient socialiste quand il découvre la misère des mineurs de Carmaux, en 1892. Député en 1893, orateur à la voix chaude, généreux, fondateur du journal *l'Humanité*, il défend les ouvriers et Dreyfus. À la S.F.I.O., il s'inspire à la fois de la Révolution française et de Karl Marx. Il voudrait que les ouvriers de tous les pays s'unissent pour faire la grève générale et éviter la guerre qui menace. Le 31 juillet 1914, il meurt assassiné de deux balles de revolver au café du Croissant à Paris. Le 3 août, la guerre est déclarée.

Georges Clemenceau

● **Georges Clemenceau** (1841-1929)
Originaire de Vendée, Clemenceau est, à partir de 1880, un des leaders républicains les plus extrémistes : on l'appelle le « tombeur de ministères ». Au pouvoir en 1906, ce radical se sépare nettement des socialistes et il n'hésite pas à réprimer les grèves. En 1917, il doit faire face à une crise grave. Surnommé « le Tigre », il impose à tous sa volonté de vaincre. Serviteur intransigeant de la patrie, il ne fut jamais président de la République.

Les grands personnages

De Gaulle
Affiche, 1948

Albert
Schweitzer

● **Marie Curie** (1867-1934)
D'origine polonaise, Marie, très pauvre, choisit de venir faire ses études de physique à Paris. Mariée à un jeune savant, Pierre Curie, elle travaille dans un modeste hangar. Là, elle découvre qu'une substance inconnue, le radium, a des propriétés radioactives. La matière est vivante. Ses rayons peuvent détruire et soigner. En 1903, elle obtient le prix Nobel, mais en 1906, Pierre Curie meurt et elle reste seule avec leurs deux enfants. Pour la première fois, une femme devient professeur à la Sorbonne. Elle reçoit un second prix Nobel en 1911. Partout les foules l'acclament, mais elle meurt victime des radiations.

● **Philippe Pétain** (1856-1951)
Philippe Pétain s'illustre en défendant la zone fortifiée de Verdun en 1916. Il dégage la « Voie sacrée » qui permet le ravitaillement du front et l'arrivée de troupes nouvelles. En juillet, l'avance allemande est arrêtée. En 1917, le général Pétain calme les soldats révoltés. Il devient maréchal. Très populaire, il est appelé au pouvoir en 1940. Il signe l'armistice le 22 juin 1940. Devenu « chef de l'État français », il pense qu'une « Révolution nationale » est nécessaire et il collabore avec les Allemands. Condamné à mort en 1945, il est finalement détenu prisonnier à l'île d'Yeu.

● **Charles de Gaulle** (1890-1970)
Officier de Saint-Cyr, le lieutenant-colonel de Gaulle, dès 1934, défend une stratégie nouvelle : pratiquer la guerre de mouvement. En 1940, il refuse la défaite et, de Londres, il lance un appel à la résistance (le 18 juin 1940). Il organise les Forces françaises libres qui participent aux combats à côté des Alliés. En 1944, il contribue à libérer la France. Reconstructeur du pays, en 1945, il favorise les nationalisations. Fondateur de la Ve République en 1958, il veut un pouvoir fort. Animé d'un vif esprit patriotique, il hait les divisions politiques. Il démissionne en 1969 et se retire chez lui, à Colombey.

● **Albert Schweitzer** (1875-1965)
D'origine alsacienne, Albert Schweitzer est un pasteur protestant qui choisit de partir comme missionnaire en Afrique. Docteur, il fonde en 1913 un hôpital à Lambaréné, au Gabon. L'Afrique équatoriale est alors une colonie française. Il lutte contre la lèpre. Albert Schweitzer est aussi un sage, philosophe et musicien. Il reçoit, en 1952, le prix Nobel de la paix.